# समय की सिलवटें

## बिखरी यादों से पनपती कविताएं



कल्पना तोमर

BookLeaf Publishing
India | USA | UK

Made with ❤ on the BookLeaf Publishing Platform
www.bookleafpub.in
www.bookleafpub.com

# Dedication

कविता लिखने की प्रेरणा मुझे मेरे पिता (श्री सतेन्द्र सिंह जी सेंगर) से मिली है। हालांकि जब तक वे इस दुनियाँ में रहे, तब तक मैं अपने दायित्वों में इतनी व्यस्त रही कि स्वय के लिए समय ही नहीं दे पाई। पर अब जब भी लिखती हूँ तो उनकी दोनो पुस्तकें "गहरे तल" और "प्रसाधिका" मेरा मार्ग दर्शन करती हैं। जब भी कभी मेरा मन हताश हुआ है या किसी दुविधा में रहा तो, उनकी कविताएँ हमेशा ही मेरा हौसला बढ़ाती रहीं हैं।

*भाग के भय न बनो,*<br>
जूझकर *जय ही बनो।*<br>
*तीव्र तूफ़ान के भी,*<br>
*पार जाना है तुम्हें।*

मेरे लेखन की जो नई कोपलें प्रस्फुटित हुई है, इनका बीज मेरे पिता ने कई वर्ष पहले मेरे अंदर डाला था। ये मेरे माता-पिता का मुझ पर विशेष आशीर्वाद है। अपनी ये पहली पुष्तक "समय की सिलवटें" श्रद्धांजली के रूप में उन्ही को (अपने माता-पिता) को श्रद्धा पूर्वक समर्पित करती हूँ।

# Preface

"समय की सिलवटें" मेरी रचनाओं का प्रथम संकलन है। उसमे कविता, गीत और गजल के माध्यम से मैंने अपने हृदय के उद्गार अत्यन्त सरल शब्दों में व्यक्त किये हैं। जीवन में जो भी उतार चढ़ाव देखे, उनसे जो समझा, सीखा और हृदय के वे भाव, जो कभी किसी के साथ साझा नहीं किए उन्होंने स्वतः ही मुझे लेखन के लिए विवश कर दिया।

मेरा परिचय सिर्फ इतना ही है कि में कोई कवियत्री या लेखिका नहीं हूँ, ना ही मेरी कोई खास शिक्षा है. और ना ही कभी हिन्दी साहित्य का गहन अध्ययन किया है। जोभी लिखा है मेरे 'अपने' भाव हैं, विचार हैं।

मनुष्य का मस्तिष्क अत्यंत क्रियाशील होता है, जो निरंतर कुछ न कुछ खोजता ही रहता है और कभी-कभी तो शायद उसे भी ये पता नहीं होता कि उसे क्या चाहिए, फिर उसकी यही तलाश उसको उसके लक्ष्य तक पहुंचाकर उसे वहीं लाकर खड़ा कर देती हैः जहाँ उसे होना चाहिए।

हमारा जीवन जिन संघर्षों से होकर गुजरता है। वही संघर्ष धीर-धीरे अतीत में बदल जाते हैं, उनसे जो शिक्षा मिलती है वह जीवन-पर्यंत हमारे काम आती है।

*पली बढ़ी हूँ, तूफानों में खेली हूँ।*
*हर मुश्किल को हंसते-हंसते झेली हूँ।*
*जीवन ने ठुकराया है जबसे मुझको।*
*मौत की अब मैं जिन्दा एक सहेली है।*

# Acknowledgements

हमारे पूज्य गुरुदेव डा. रघुवीर सिंह जी गौर (Chief Founder World Spiritual Foundation, Shivpuri) का आर्शीवाद हमेशा ही मेरे ऊपर संबल बन कर रहा, जिससे पहले तो मेरा आत्मबल जागा और फिर हौसला बढ़ा। उनकी कृपा ने असंभव को संभव कर दिया। उन्होने मेरी सुप्त भावनाओ को जाग्रत कर मुझसे ही मेरा परिचय करवाया, यही मेरे जीवन की सबसे बड़ी उपलब्धि है। मैं उनकी चरण वंदना करती हूँ।

मेरे भांजे श्री दिग्विजय सिहजी सिकरवार (सह प्राध्यापक, विधि संकाय, शासकीय एस.एम.एस. पीजी कॉलेज, शिवपुरी) ने मेरी इस पुस्तक की रूप-रेखा तैयार कर मेरा उचित मार्गदर्शन किया है।

किसी भी कार्य के लिए परिवार का सहयोग, उसे सहज बना देता है। मेरे पति श्री मोती सिंह तोमर और मेरे बच्चो ने इस कार्य में मेरी आवश्यकताओं की पूर्ति हेतु यथासंभव सहयोग किया है। मेरा छोटा बेटा अमन प्रताप सिंह तोमर मुझे इस तरह प्रेरित करता है कि मैं लिखने के लिए बाध्य हो जाती हूँ। ये पुस्तक उसी के प्रयासों का परिणाम होगी। इस पुस्तक को नाम "समय की सिलवटें" अमन के मित्र रवि सिंह रघुवंशी ने दिया है।उसका हृदय से अनंत धन्यवाद सुन्दर व सटीक नाम काम के लिए।

पुस्तक के प्रकाशन हेतु आप सभी को भिन्न-भिन्न रूपों में सहयोग के लिए हृदय से आभारी हूँ।। पाठकों से निवेदन है कि, इसे पढ़े, और अपना स्नेह दें।

# अनुक्रम

# मां वर दे

हे जग - जननी, मन मल हरनी।
विमला मां वर दे।
विकल है मन पंछी, स्वर दे।

भक्ति- भाव मय, उर हो पावन।
सुमिरन करूं, लिखूं गुण- गायन।
शब्द शब्द साधक हो जाए,
मन मंदिर कर दे। विकल है.............

बुद्धि बिना, अंतर घट खाली।
रिक्त घटाएं, घुमड़ें काली।
आत्म-ज्ञान,उज्वल उर-भीतर,
ज्योति- पुंज भर दे। विकल है...........

गद -गद गला रुंधा है मेरा।
कैसे भरूँ राग लय तेरा ।
रुदन बने, रस गान कंठ में,
निर्विकार स्वर दे। विकल है.............

# समय की सिलवटें

उदास मन की खो गई है रौशनी,
पर कतारे जुगनुओं की हैं घनी।
ढूंढती हूँ फिर वही रवि की किरण,
धड़कने हैं तेज, साँसे अनमनी।

धड़कनों का शोर सुनता कौन है,
नासमझ होकर हुए सब मौन हैं।
होने लगा है रिक्त सपनो का समुन्दर,
इन्सानियत का अर्थ जबसे गौण है।

कौन समझा है किसी की वेदनाएं,
मलिन होती जा रहीं हैं भावनाएं।
विश्वास को छल कर रहे अठखेलियाँ,
भ्रमित करती जहाँ मन मरीचिकाएँ।

रुंध गया है गला आँखें सजल हैं,
सुलझा रहा मन नित्य उलझी पजल है।
खोलता कोई नहीं अब द्वार दिल के,
हृदय पर रख लिया मानो उपल है।

नींद आती नहीं बदलू करवटें,
वे द्वंद भीतर ले रहे हैं सरपटें।
पहिया समय का चल रहा, रुकता नहीं,
बीते समय पर पड़ गई हैं, सिलवटें ।

मन विरागी हुआ फिर भी आश है,
पतझड़ों से झांकता मधुमास है।
कभी तो छू सकूंगी उस वृक्ष को,
वह लता हूँ, जिसे ये विश्वास है।

जिन्दगी जीना हुआ दुश्वार है,
जीतकर हरबार मिलती हार है।
पार होती रही हूं मझधार में,
आ पास तट के डूबती पतवार है।

मन हिंडोला और यादें झूलती,
काली घटाएँ व्यथित मन को घूरती।
कौंधती मस्तिष्क में भी बिजलियों,
किन्तु बन के रह गई मैं मूर्ती।

# वही सावन

धरा का श्रृंगार करता, सप्तरंगी उभर आया।
थम गई बरसात जब से, वही सावन याद आया।

त्यौहार पर घर-बार लिपते, थे कितने बड़े आंगन ।
परिवार सब हिलमिल मनाते, वे सभी त्यौहार पावन ।
अब हो गए परिवार छोटे, औरे आंगन बट गए हैं।
बीच आंगन में खड़े वे पेड़ जबसे कट गए हैं।
जिस जगह था नीम, बाखर में वहीं गैरिज बनाया।
थम गई...............।

गाती मल्हारें झूल सखियाँ, ध्वनि नहीं अब गूंजती।
वो बाग उजड़ा है कोयलिया, नहीं जबसे कूकती।
नदी के उस घाट पर, धुलते नहीं अब वस्त्र मैले।
दिखते नहीं अब सारसों की जोड़ियों के पंख फैले।
बादलों के बीच काला- क्रौंच दल जब चहचहाया।
थम गई...............।

परिवार जब से बंट गए माँ बाप के भी हुए हिस्से।
फोन में बचपन लगा, सुनते नहीं अब कथा किस्से।
क्या हुआ ऐसा कि, सूखे नयन भी नम हो गए थे।

एक क्षण में गम हजारों, पर कहीं वे थम गए थे।
डाकिया खत में भरी, जब बेटियों की प्रीत लाया।
थम गई...............।

भींग जाते हैं नयन, जब याद आता है लड़कपन।
तोड़ते अमरूद, अमिया, इसी में समझा बड़प्पन।
बीन खाते वही फल हम, जो कि तोते कुतर जाते।
गुजरे हुए वे समय के पल, लौट कर फिर नहीं आते।
रातरानी की महक ने आज फिर मन को लुभाया।
थम गई...............।

# घर लौट आए

छोड़ सूने घोंसलों को कुछ परिन्दे उड़ गए हैं।
समय बदला, वक्त बदला, रास्ते वे मुड़ गए हैं।
हो उठीं यादें सुवासित, फूल खिलकर मुस्कराए।
सुबह के भूले परिन्दे, रात को घर लौट आए।

ले रहा अनुराग सावन में, करुण रस सिसकियां।
बेचैन करती हृदय को, उठने लगी हैं हिचकिया।
व्यथित मन का हंस, व्याकुल हृदय में अब भांकता है।
उन अश्रुओं का मोल, मोती से लगा जब आंकता है।
वेदना पर क्यों किसी, दो बूंद आंसू गिर पाए।
सुबह के............

धर्म के संग कर्म भी, त्यौहार वे सब याद आते।
दिवाली पर घर सजा, हिल-मिल सभी दीपक जलाते।
आकाश में उड़ती पतंगे, दोस्तों की एक टोली
फिर रंगों में प्रीत भर के, आ गई रंगीन होली।
वो मन भिंगोती मधुर यादों की नई सौगात लाए।
सुबह के...........

बाहरी व्यापार तन से, मन अभी भी संस्कारी ।
भटक कर जब थक गए हैं, अब हुई घर की तैयारी।
याद करके अब किसी को, हौसला बढ़ने लगा है।
आ क्षितिज के पास, वो सूरज अभी ढलने लगा है।
सुबह की उगती किरण, फिर से नया संदेश लाए।
सुबह के...........

# खामोशी की आवाज

खामोशी की आवाज नहीं सोने देती।
चीख रहा है हृदय नहीं रोने देती।
माना मूक हुई रसना उस उलझन में,
कहीं शांति के बीज नहीं बोने देती।

चहका है बचपन अपनों से बरदान लिए।
मौसम ने ली अंगडाई, कुछ अरमान लिए।
बिखरे हैं सपने, जागी हूं तब तंद्रा से,
अब अंगड़ाई भी आती है, तूफान लिए।

कुछ ना कर के भी हो जाती हूं जब दोषी।
खुद से ही द्वन्द किया करती है खामोशी।
हो जाती हूं फिर मौन, स्वयं में खो जाती,
उस सन्नाटे में जैसे एक फरामोशी।

वे मौन हो गए, जबसे उनको मिली सजा।
स्वच्छंद घूमते गुनाहगार, ले रहे मजा।
अब किसे दिखायें घाव हुए दिल में गहरे,
खामोश जहर का घूंट पिया, अब यही कजा।

जो दिल करीब थे, हुईं दूरियां अब क्योंकर।
बोली में जिनकी है मिठास, वे हैं विषधर ।
डस लिया शंकरा बन हा.. चीख नहीं निकली,
सिक्त सिसकियों का अब, सूख गया सागर।

मुरझाई है जाने कितनी कलियाँ बेबस।
उजड़ गए हैं बाग, उडे भ्रमरे पी- रस।
अब कोयल नहीं कूकती अमवा डाली पर,
मूक वेदना सिसक हो गई है नर्वस।

जिन्दगी जीना हुआ दुश्वार है।
जीतकर हरबार मिलती हार है।
बाज़ी लगा दी प्राण की तूफान में,
आ पास तट के डूबती पतवार है।

मन हिंडोला और यादें झूलती।
काली घटाएँ व्यथित मन को घूरती।
कौंधती मस्तिष्क में भी बिजलियाँ,
किंतु बन के रह गई मैं मूर्ती।

# उदास खिड़कियाँ

कितनी उदास हो गई है अब ये खिड़कियां।
देखा है..जबसे, बंद हुई हैं ये खिड़कियां।

राहों में आते-जाते लोग देखते हैं सब।
उन सब पर नजर रखती, अक्सर ये खिड़कियां।

हर बात की..इनकी अलग, अपनी जुबान है।
रहती बंद, कभी खुली, अधखुली ये खिड़कियां।

बाहर उठे या भीतर, गति रोककर स्वयं।
तूफान की भी मार, झेलती ये खिड़कियाँ।

किसी के प्रेम की, घृणा की जंग, सबकी खबर है।
हर जुर्म की गवाह, चश्मदीद खिड़किया।

किसी चित्रकार या कवि की कल्पनाओं में।
अपने उसी बजूद में, जिन्दा हैं खिड़किया।

कुछ खत यहाँ से गुजरे, सौगात बन गए।
बदनाम होके, नाम कर गई ये खिड़कियां।

# आशातीत

मन चंचल क्यों हुआ, तनिक विराम ले।
जब भी आएं कठिनाई, प्रभु का नाम ले।
मत बहना भावों में, राहें है पथरीली,
गिरने से पहले तू, खुद को थाम ले।

जो भी है हालात, तुम्हारे ही निर्मित।
मत करो कार्य कोई ऐसा, जो हो वर्जित।
संयमता से ही सुदृढ़, करो जीवन अपना,
हो भोग उसी का, जो क्षमता से हो अर्जित।

आया है अब हालातों से, जूझना।
हम भूले नहीं कभी गणों पर रीझना।
जो भी, जितना मिला वही पर्याप्त हे,
रास न आया हमें कभी भी छीनना।

क्यूं प्यार के स्पर्श से, गलने लगी हूं।
नित्य नूतन रूप में, ढलने लगी हूँ।
चल पड़ी हूं, हार को उपहार देने,
रोकना मत, जीत से जलने लगी हूं।

ऋतु मिलन की, कौन...किसके द्वारा आया।
फिर विरह का गीत किसने गुनगुनाया।
सृष्टि तू देना गवाही, सब पता है।
ये अचानक फैसला, किसने सुनाया।

हार में ही तो, यहां पर जीत है।
प्यार की सदियों पुरानी रीत है।
रात! तू कुछ बोल, क्यों सहमी हुई है,
या कि समझें, यही आशातीत है।

# बाबुल तेरा गांव

आया सावन याद आया, फिर बाबुल तेरा गांव।
आती नहीं हिचकियां, अब ना कौआ बोले कांव
लेने भैया आए ना अबकी।

जावें पीहर बहुएं सबकी।
तुम आए, सुध आई तबकी,
अब काहे विलगांव।
आया सावन...............।

याद आतीं जब तेरी गलियां।
भर-भर आती हैं तब अंखियां।
हिल-मिल संग झूलती सखियां,
बैठ नीम की छांव।
आया सावन...............।

तुम थे जब तक रहा लड़कपन।
कभी चहक जाता था बचपन।
जाते देखा तुम्हें खेत तन,
दौड़ी नंगे पांव।
आया सावन...............।

मैं तेरी बगिया की चिड़िया।
तुम भी छोड़ चले गए बगिया।
किसे सुनाए राग कोयलिया,
बदल गया वो ठांव।
आया सावन...............।

किसने ऐसी रीत बनाई।
बिटिया ही क्यों हुई पराई।
तुम रोए जब हुई विदाई,
मनु हारे सब दांव।
आया सावन...............।

बदली ऐसी समय ने करवट।
बचपन के दिन बीते सरपट।
उठा भार रिश्तों का बरबट,
चली समय की नांव।
आया साव...............।

# तेरी राहों में

माना कांटे हैं बहुत तुम्हारी, राहों में।
हर कदम-कदम पर मोड़ मिले, चौराहों में।
थक हार गई तेरे दर पर आते-आते,
कब पा जाऊँ चिर शांति तुम्हारी बाहों में।

समय नहीं रुकता पर फिर भी आशा है।
विश्वास को 'छलने' तत्पर रही निराशा है।
फिर भी मैं सदा असंभव से टकराई हूं,
कुछ और नया हो रहती ये जिज्ञासा है।

राहों पर तेरी चलकर, में तो बनी पथिक।
अब सीख गई चलना पहले से, कहीं अधिक।
बीती विभावरी, पर प्रभात बेला में तुम,
अवगानी में आजाना रवि के साथ रसिक।

पथरीला पथ है तेरा, फिर भी चैन अमन।
कूक रही कोयलिया, मन का खिला चमन।
है पिया मिलन की बेताबी वैरागी मन,
मैं कैसे करूं इशारा, कितने दूर सजन।

सुन पड़ती तेरी धुन, झरने की झर- झर में।
तेरी ही आहट हुई, हवा हवा की रार-सर में।
सरका आंचल, होने से लगी उठाने जब,
कटि झुकी, घुमाए नयन, कांप गई थर थर मैं।

कुछ भी करने को राजी है, अब दिल सातिर ।
मैं तुंग हिमालय चढ़ जाऊँ तेरी खातिर।
अब जो भी हो हालात, उसे परवाह नहीं,
तैनात तुम्हारी राहों में रहता हाजिर।

# वो मिलन

बिन तुम्हारे में कैसे, गुजारा करूं।
श्याम आ जाओ तुमको, निहारा करूं।

आये नए साल कितने पुराने हुए।
कभी अपने थे वो भी बेगाने हुए।
यूं बजह बेवजह दूरियां हो गई,
जाने कितने यहाँ पर फ़साने हुए।
कैसे दिल का भला, बटवारा करूं।
श्याम आ जाओ...............।

वो मिलन था हमारा, तुम्हारा क्षणिक।
फैसला था कठिन, बड़ा दुविधा जनिक।
तुम गए छोड़ कर, मैं वहीं रह गई,
फासले अब हमारे तुम्हारे आधिक।
कैसे समझोगे गर में, इशारा करूं।
श्याम आ जाओ...............।

ऐसा कोई ना जिसने दिया हो दगा।
कहाँ जाऊं, रहे हैं कदम डगमगा।
तुमको देखा तो मैं, देखते रह गई,

झील सी तेरी आंखों में डुबकी लगा।
तैर जाऊं कि या फिर, किनारा करू।
श्याम आ जाओ...............।

प्रीत यों ही दिलों में पनपती रहे।
धार गंगा सी बन के, ये बहती रहे।
दिल के द्वारे अभी बंद है सीप से,
बूंद सावन सी इन पर बरसती रहे।
मन को मोती सा धोके, निखारा करूं।
श्याम आ जाओ...............।

# कुछ तो कहो

कुछ तो कहो, यूं चुप ना रहो, अब ये मौन खलने लगा है।
इन हवाओं के तेवर बदलने लगे हैं, भय साथ चलने लगा है।

मेरे विश्वास का वृक्ष हिलने लगा, डालियां भी लटकने लगीं हैं।
सरकने लगी डोर विश्वास की, प्रीत-बन्धन सा खुलने लगा है।

सरसराता पवन शांत चुपचाप सा, फूल पत्तों से जाके मिला।
ये मिलन या कि संकेत षड्यंत्र का, उस तरह कान भरने लगा है।

स्वप्न बिखरे तो झट वेदना आ गई, नेत्र, घन से उमड़ने लगे।
धुंआ उठ रहा, आग दिखती नहीं, दिल किसी का सुलगने लगा है।

जिसकी बातों में सावन बरसता कभी, डूब जाते थे हम प्रीतरस में।
वे फागुन के रंग भी उड़े धूप में, अब तो मौसम बदलने लगा है।

अंततोगत्वा भ्रमित ही करे बेरुखी, मन का विस्वास खोने लगा है।
अब सशंकित हुआ है हृदय मौन से, प्यार तिल-तिल बिखरने लगा है।

# मोती अरमानों के

अरमानों के मोती, मेरे बिखर गए।
जो अपने थे.. कल तक, जाने किधर गए।

इंतजार में, शाम हो गई जीवन की।
वापस आने की, कह वो जब से शहर गए।

मैं किसका करूं यकीन, समझ नहीं आता।
जिन पर भी किया भरोसा, वे सब दूर गए।

ये कब, क्यों, कैसे हुआ, सोच में डूबी मैं।
तब और हादसे, हद से ज्यादा गुज़र गए।

किसकी हिम्मत थी, भला जो हमको डूवा सके।
हम बिन सोचे ही, गहरे जल में उतर गए।

जिंदगानी तूने दो राहे पर खड़ा किया।
हम इधर देखते रहे, वो जब तक उधर गये।

हम गिर गिर उठते रहे, एक उम्मीद लिए।
यों चल चल के, संघर्षों में कुछ निखर गये।

# खामोशियों का शोर

अनकहे किस्से जहन में पल रहे हैं।
बे लब्ज़ होकर ख्वाब सारे जल रहे हैं।
कर रहे जो दृश्य आंखों को सशंकित,
खामोशियों के शोर में सब ढल रहे हैं।

शोर बाहर हुआ तो बस कान बहरे ।
खामोशियों के शोर से तो घाव गहरे ।
शहद में भर रिया धीमा ज़हर किसने,
कभी अपने थे, हुए अनजान चेहरे ।

मौन में भी उठ रहा तूफान है।
बिन प्रश्न पूछे, क्योंकि इम्तिहान है।
पन्ने हृदय में उड़ रहे अतीत के क्यों,
हाय ! दिल क्यों हुआ कूड़े दान है।

प्रेम का पर्याय भी तो मौन है।
खामोशियों का शोर फिर क्यों गौण है।
प्रीत मत देना निमंत्रण बैर को तू,
तेरे सिवा इसको बुलाता कौन है।

हर व्यक्ति तो लगता है यहां स्वच्छंद है।
सबके हृदय में किंतु अंतर द्वंद है।
कौन समझा है फलसपा जिंदगी का,
उलझनों में ही छिपा आनंद है।

# सोच बदलो

सोच बदलो, तो जीवन, बदल जायेगा।
एक रस्ता नया और, खुल जायेगा।

यूँ कसमकश में उलझे रहे, तुम अगर ।
हाथ आया वो मौका, निकल जायेगा।

जब राहे नई, लड़खड़ाना भी तय ।
चलते-चलते तू खुद ही, सम्हल जायेगा।

जो चले थे लकीरों पै, लुटते रहे।
यूं अहम उनका, उनको ही छल जायेगा।

होगा परिवर्तन, जब सोच बदलोगे तुम।
भ्रम का कांटा, पसीने में घुल जायेगा।

कर गुजरने की लौ, दिल में जलती रहे।
देख पत्थर भी पथ का, पिघल जायेगा।

हो बदलाव, सृष्टि का संकेत है।
कुछ खोया, नया और मिल जाएगा।

# रास्ता तेरी तरफ का

बदली समय ने करवटें, सब कुछ गया था थम।
रास्ता तेरी तरफ का, छोड़ आए हम।

सैलाब आया गमों का, आया नहीं कुछ हाथ।
बस एक तन्हाई रही, उसमें हजारों गम ।

भींगी फिजाए सजर को, सहला रहीं उस रात।
फूल की एक लाश पर, जब हंस रही शबनम।

उस राग में जो शोर है, खोने नहीं देता।
मृदंगों की थाप से, मिलती नहीं सरगम ।

बेड़ियां लग चुकीं शायद, पैरे में उनके।
पायलों की अब वहाँ, होती नहीं छम छमा।

दे आसमा उड़ने दिया है, जिन परिन्दों को।
वे चहचहा के कर रहे हैं, नाक में अब दम।

जो बात से ही मर गए, उनको सजा कैसी।
जुर्म कर दोषी सभी, होते नहीं हरदम।

# जिन्दगी की जंग

जिन्दगी यदि जंग है, तो जंग होना चाहिए।
जिन्दादिली से जी सकें, ये ढंग होना चाहिए।

सब कुछ मिलेगा जिन्दगी में, ठान लो मन में अगर।
हो हौसला...उम्मीद में, उमंग होना चाहिए।

हालात जो भी हैं हमारे, दोष मत देना उन्हें।
रोकर मिलेगा क्या भला, खुश रंग होना चाहिए।

पलट दो पाशा अभी भी, वक्त है.. बाजी लगा दो।
हार पर जो हंस रहे, वो दंग होना चाहिए।

है सुहानी जिन्दगी, कुछ जिन्दगी में हो नया।
समझे हमें वो एकसाथी, संग होना चाहिए।

# राहों के कांटे

होश आया है जबसे सिखाते रहे,
सूर राहों के हमको लुभाते रहे।

कई हमदर्द हमको मिले राह में,
ज़ख्म दे दे के, मरहम लगाते रहे।

अब तो कांटों से यारी हमारी हुई,
पथ में जब भी मिले, समझाते रहे।

कांटे चुभ-चुभ के राहें, दिखाते हमें,
हौसला देके हिमात बढ़ाते रहे।

कष्ट में जो भी सीखा, सबब बन गया,
बिन मेहनत मिला, जो भुलाते रहे।

होता जीवन में कुछ भी नहीं बेसबब,
जो इसारे मिले, वो बताते रहे।

ज़ख्म देते हैं कांटे सबक के लिए,
हस्ती खुद की मिटा समझाते रहे।

# एक झूठ ही कह दो

इक झूठ ही कह दो, सच में लुट गए हैं हम।
दिलासा हो जाये दिल को, हमें भूले नहीं हो तुम।

वो वादे, वो मुलाकाते, वो महफिल वो तेरी बातें।
ये रिश्ता था मोहबतत का, या केवल स्वप्न या फिर भ्रम।

चहकता रह गया गुलशन, भ्रमर का राग या क्रन्दन ।
आखिर क्या हुआ ऐसा कि, गुल पर हंस रही शबनम ।

तारे दिन में दिखते हैं, रात को खग चहकते हैं।
तेरे मौन से कितनी, अमावश हो गई पूनम ।

अधूरे रह गए जो गीत, कैसे हूं उन्हें संगीत ।
स्वरों ने जंग छेड़ी है, अब चुभने लगी सरगम

धुंक्षा सा उठ रहा ऊपर, काला हो गया अम्बर।
सावन में सुलगते हैं, वर्षा हो रही रिमझिम ।

जो लगता हो बहुत अच्छा, तो उसका झूठ भी सच्चा ।
करूं इक झूठ पर तेरे, निछावर मैं हजारों गम ।

# किन्तु हारी नहीं

डगमगाई हूँ मैं, किन्तु हारी नहीं।
हौसला है बड़ा, दुश्वारी नहीं।

है अंधेरा बहुत, राह कांटों भरी।
रुक रातें कहीं भी, गुजारी नहीं।

खाऊं दर-दर की ठोकर, ये मंजूर है।
भीख मांगू दया की, बेचारी नहीं।

पार जाना है दरिया के, कस्ती नहीं।
तैर जाऊं मैं कैसे, तैयारी नहीं।

वफ़ा करते रहे, वेवफाई मिली।
यार होते... निभाते हैं, यारी नहीं।

अब जागी हूँ, मैंने बहुत सो लिया।
अन्त मौका है, फिर कोई बारी नहीं।

जंग जीतूंगी, आखिर कभी ना कभी।
कोशिश करती रहूंगी, खुमारी नहीं।

# मैं तुम्हारी परछाई हूँ

जाऊँ कहाँ छोड़कर तुमको, मैं तेरी पराछाई हूँ।
साया बन के पीछे-पीछे, साथ तुम्हारे आई हूँ।

उठी घटाएं जब जीवन में, आ सारे गम बांटू मैं।
गरजो, बरसो तुम सावन से, में बदली बन छाई हूं।

तुम रहे उर्मि माली से, तट को तोड़ उरग ज्यों लहराते।
कोई थाह न ले पाया, मैं वो अनंत गहराई हूँ।

मैं गीत हूँ, तुम संगीत, ये जीवन, स्वर सा राग भरें आजा।
बजो तनक धिन.. मृदंग से तुम, मैं सरगम शहनाई हूं।

बहुत कठिन तुम अटल हिमालय, सी विशाल सीमा तेरी।
मैं हूँ छिपी शून्य सी तुझमें, वहीं सतत कठिनाई हूँ।

मैं वहीं बीच की दूरी, जब तुमने चलके तय किया सफर।
तंद्रा से अलसाये तुम, मैं वो मादक अंगड़ाई हूँ।

तुम रहो अग्रणी.. पीछे मैं, अनुशरण करूं बन परछाई।
तुम उड़े गगन में बन पतंग, मैं बंधी डोर सी आई हूँ।

# तुम साथ थे मेरे

कभी तुम साथ थे मेरे, हमेशा याद रहती है।
गए तुम छोड़कर पर क्यूं, यही फरियाद रहती है।

बहारें आयेंगी इक दिन, अभी बीरानी है तो क्या,
तमन्ना जिस लता की हो, वही आवाद रहती है।

भरोसा मत करो उनका, कमी कहकर गए थे जो।
बातें कुछ तो होती हैं कुछ अपवाद रहतीं हैं।

फैसला दे दिया जज ने, सुनेगा कौन अब लेकिन,
समय हर बात का है सबकी, एक मियाद रहती है।

भला सोचो भला होगा, बुरा सोचो बुरा होगा।
इसी से जिन्दगी आवाद, और बरबाद रहती है।

चमन में हो रहे दंगे, गुलों की जान खतरे में,
कैद है पिंजरे में मैना, मगर आजाद रहती है।

चमन सारा महकता है, अगर गुल एक खिल जाये।
मुकद्दर के धनी हैं वे, जहाँ फरहाद रहती है।

# मेरा वक़्त लौटा दो

छीन ले गए समय हमसे, जिंदगी अब मांगती वो।
मुझे मेरा "वक्त" दे दो।

कुछ कदम ही चले हम तुम, राह में जब मोड़ आए।
संकल्प अपना तोड़कर तुम, बेसहारा छोड़ आए।
मौन अंतर द्वंद में सब, भावनाएं पिस रही हैं।
मस्तिष्क में बादल उमड़ते, वेदनाएं रिस रहीं हैं।

घाव भर जाए हृदय के, बह गया जो रक्त दे दो।
मुझे मेरा वक्त दे दो।

क्यों उमड़ती जा रही है, वेग से कूलंकषा ।
वह पयोनिधि खेलता है, हलाहल उर में छिपा।
तू स्वयं अवतरित... बहती रही, मीठा जल लिए।
कही जल लेकर जलधि, इठला रहा खारा किए।

वो ताल सागर से भला है, उसी में अनुरक्त दे दो।
मुझे मेरा वक्त दे दो।

नयन- घन में एक आंसू भी नहीं, ठहरा खुशी का।
मूक रसना कह ना पाई, लग गया मुंह मुसीका।
हाय! बचपन के वही दिन, हृदय में क्यों उभर आते।
नन्हीं परी कह कर हमारे, जब मुझे बाबा बिठाते।

रानी समझती.. बैठ गोदी में, वही फिर तख्त दे दो।
मुझे मेरा वक्त दे दो।